Vegan & Vegetarisch

Kochbuch für den Thermomix TM5 & 31

Regionale Mittagessen oder Abendessen und Desserts

Vegane & Vegetarische Saisonale Rezepte

Gesunde Ernährung - Abnehmen - Diät

Christina Keller

Bibliografische Information der Deutschen Nationalbibliothek:
Die Deutsche Nationalbibliothek verzeichnet diese Publikation in der Deutschen Nationalbibliografie; detaillierte bibliografische Daten sind im Internet über http://dnb.dnb.de abrufbar.

1. Auflage 2016
Cover-Titelbild: www.canstockphoto.com
Copyright © 2016 Christina Keller
Alle Rechte vorbehalten

Herstellung und Verlag: BoD – Books on Demand, Norderstedt
ISBN 9783741209253

Inhaltsverzeichnis

Vorwort...1
Rezepte für den Monat Januar: 2
Rezepte für den Monat Februar:....................5
Rezepte für den Monat März:........................8
Rezepte für den Monat April:......................11
Rezepte für den Monat Mai: 14
Rezepte für den Monat Juni:........................17
Rezepte für den Monat Juli:........................20
Rezepte für den Monat August:...................23
Rezepte für den Monat September:.............26
Rezepte für den Monat Oktober: 29
Rezepte für den Monat November: 31
Rezepte für den Monat Dezember:.............34
Nicht-Vegane Zusatzstoffe:..........................37

VORWORT

Was sind die Vorteile einer veganen / vegetarischen Ernährungsform?

Vegetarier und Veganer schützen nicht nur Tiere und Umwelt, sondern haben meist auch geringere Blutfettwerte, seltener Herzerkrankungen, ein besseres Körpergewicht und erfreuen sich außerdem einer höheren Lebenserwartung. Die Vorteile einer veganen bzw. vegetarischen Ernährung auf die Umwelt, wird durch die Auswahl an regionalen, saisonalen Produkten zusätzlich verstärkt.

Welche Lebensmittel sind erlaubt?

Grundsätzlich stehen alle rein pflanzlichen Produkte zur Auswahl. Allerdings gibt es viele versteckte Inhaltsstoffe tierischen Ursprungs, wie z.B: Gelatine, Fischöl oder Laktose. (siehe Liste am Ende des Buches)

In diesem Rezept-Buch finden Sie abwechslungsreiche, vegane Gerichte, ohne tierische Produkte, die auch für Vegetarier geeignet sind.

Die Rezepte sind geeignet für den Thermomix TM31 und TM5* - *Bei der Bezeichnung „Thermomix" handelt es sich um eine geschützte Marke der Fima Vorwerk (CH).

Hinweis:
Jede Art von Diät sollte vorher mit einem Arzt besprochen werden.

Rezepte für den Monat Januar:

Wirsing-Roulade mit Portulak und Kartoffelpüree

Zutaten für 4 Portionen:
8 Blätter Wirsing
Salz
150 g Portulak
1 Zwiebel
200 g Champignons
40 g Rapsöl
Pfeffer aus der Mühle
100 g Vegane Gemüsebrühe
600 g Kartoffeln
200 g Sojamilch

Zubereitung:

Wirsingblätter in kochendem Salzwasser blanchieren, kalt abschrecken und abtropfen lassen. Die Wirsingblätter ausbreiten und die dicken Mittelrippen flach schneiden.

Portulak waschen und blanchieren. Die Zwiebel schälen, vierteln und im Mixtopf 5 Sek. / Stufe 5 zerkleinern und umfüllen. Die Champignons putzen, halbieren, in den Mixtopf geben und 5 Sek. / Stufe 4 zerkleinern. 20 g Rapsöl und Zwiebeln dazugeben und 6 Min. / Varoma / Stufe 1 andünsten. Portulak mit Linkslauf unterrühren und mit Salz und Pfeffer abschmecken.

Jeweils 2 Wirsingblätter übereinander legen, mit der Füllung bestreichen, zu einer Roulade aufrollen und mit Küchengarn zubinden.

Die Kohlrouladen in restlichem Rapsöl rundherum anbraten, mit Gemüsebrühe ablöschen und ca. 10 Minuten köcheln lassen.

Rühraufsatz einsetzen. Kartoffeln waschen, schälen, grob schneiden, zusammen mit der Sojamilch in den gereinigten Mixtopf geben und ca. 25 Min. / 100° / Stufe 1 kochen. Mit Salz abschmecken.

Wirsing-Roulade mit Kartoffelpüree anrichten und servieren.

Apfel-Karamell-Trifle

Zutaten für 4 Portionen:
2 Äpfel
20 g Rübenzucker
100 g Apfelsaft
250 g Sojasahne
190 g Rübenzucker
Mark einer Vanilleschote
8 Vegane Löffelbiskuit
40 g Walnussmus

Zubereitung:
Die Äpfel schälen, entkernen, grob schneiden, zusammen mit dem Zucker und Apfelsaft im Mixtopf ca. 10 Min. / 100° / Stufe 1 kochen und abkühlen lassen.

Rühraufsatz einsetzen. Sojasahne mit dem Zucker und Mark einer Vanilleschote in den gereinigten Mixtopf geben und ca. 50 Min. / Varoma / Stufe 1 karamellisieren lassen. (Als Spritzschutz den Gareinsatz aufsetzen) Rühraufsatz entfernen.

Löffelbiskuits im gereinigten Mixtopf 5 Sek. / Stufe 5 zerkleinern, (4 TL beiseitelegen) und in vier Gläser füllen.

Abwechselnd Walnussmus, Äpfel und Karamellcreme in die Gläser schichten. Mit den restlichen Löffelbiskuitsbröseln bestreuen und servieren.

Rezepte für den Monat Februar:

Rosenkohl-Strudel mit Tofu

Zutaten für 4 Portionen:
800 g Rosenkohl
200 g Tofu
250 g Pastinaken
1 Zwiebel
40 g Rapsöl
300 g Wasser
Salz, Pfeffer
1 Packung Blätterteig, vegan
1 Kästchen Kresse
200 g Sojacreme

Zubereitung:
Den Backofen auf 190°C (Umluft 170°C und Gas Stufe 3) vorheizen.

Rosenkohl waschen, putzen und in kochendem Wasser kurz blanchieren. Abgießen, kalt abschrecken und abtropfen lassen. Tofu und Rosenkohl im Mixtopf 10 Sek. / Stufe 5 zerkleinern und umfüllen.

Pastinaken waschen, schälen, in Stücken im Mixtopf 4 Sek. / Stufe 5 zerkleinern und umfüllen.

Geschälte Zwiebel, vierteln und im Mixtopf 5 Sek. / Stufe 5 zerkleinern. 20 g Öl dazugeben und 2 Min. / Varoma / Stufe 1 dünsten.

Wasser, Salz und Pastinaken zufügen und ca. 14 Min. / 100° / Stufe 2 dünsten. Tofu und Rosenkohl hinzugeben und kurz mit Linkslauf aufkochen lassen. Mit Salz und Pfeffer abschmecken.

Mischung auf dem ausgerollten Blätterteig verteilen. Die seitlichen Enden etwas einschlagen und den Teig langsam aufrollen. Auf ein mit Backpapier ausgelegtes Backblech setzen und mit restlichem Öl bestreichen. Im Backofen ca. 30 Minuten goldbraun backen.

Kresse abspülen, abschneiden, mit Sojacreme, Salz und Pfeffer verrühren und zum Strudel servieren.

Vegane Faschings-Krapfen

Zutaten für 4 Portionen:
Für den Teig:
1 Würfel Bio-Hefe
300 g Sojamilch
350 g Mehl
100 g vegane Margarine
50 g Rübenzucker
1 Prise Salz
Außerdem:
Rapsöl zum Ausbacken
150 g Marmelade
veganer Puderzucker zum Bestäuben

Zubereitung:
Die Hefe in Sojamilch ca. 2,5 Min. / 37° / Stufe 2 auflösen. Die restlichen Zutaten zugeben, 3 Min. / Teigstufe zu einem glatten Teig verkneten und zugedeckt an einem warmen Ort ca. 30 Minuten gehen lassen.

Aus dem Teig Krapfen formen. In heißem Fett bei 170°C auf beiden Seiten goldgelb ausbacken. Herausnehmen und abtropfen lassen.

Die Marmelade mit einer Krapfenspritze oder einem Spritzbeutel seitlich in die Krapfen einspritzen.

Mit Puderzucker bestäuben und servieren.

Rezepte für den Monat März:

Topinambur-Lauch-Quiche

Zutaten für 4 Portionen:
200 g Mehl
Salz
150 g vegane Margarine
50 g Wasser
350 g Topinambur
250 g Lauch (Porree)
Ca. 300 g Wasser
200 g Sojamilch
200 g Tofu
Pfeffer aus der Mühle
1 Handvoll Brunnenkresse

Zubereitung:
Backofen auf 190°C (Umluft 170°C und Gas Stufe 3) vorheizen.

Mehl, 3 g Salz, Margarine und Wasser im Mixtopf 1 Min. / Teigstufe zu einem Teig verarbeiten. Den Teig in Klarsichtfolie wickeln und ca. 30 Minuten kühl stellen.

Topinambur waschen, schälen und in feine Scheiben schneiden. Lauch waschen, in feine Ringe schneiden. Wasser und etwas Salz in den Mixtopf geben, Topinambur in den Gareinsatz geben, Lauch im Varomabehälter verteilen, Varomabehälter aufsetzen und 15 Min. /

Varoma / Stufe 1 garen.

Den Teig ausrollen, eine gefettete Form (26 cm Ø) auskleiden und einen ca. 1 cm hohen Rand formen. Den Teig mehrmals mit der Gabel einstechen.

Lauch und Topinambur auf dem Teigboden verteilen. Sojamilch und Tofu im Mixtopf 30 Sek. / Stufe 3 verrühren, mit Salz und Pfeffer abschmecken und gleichmäßig über das Gemüse geben.

Brunnenkresse (kann im März schon selbst gesammelt werden) waschen und klein schneiden.

Quiche im Backofen ca. 30 Min. backen, kurz abkühlen lassen, in Stücke schneiden und mit Brunnenkresse bestreut servieren.

Apfel-Mousse

Zutaten für 4 Portionen:
300 g Äpfel
10 g Rübenzucker
50 g Wasser
500 g Sojasahne
40 g Löwenzahnsirup
6 g Apfelpektin

Zubereitung:
Äpfel schälen, halbieren, entkernen, grob schneiden und zusammen mit dem Rübenzucker und Wasser ca. 8 Min. / 100° / Stufe 1 kochen. Sojasahne und Löwenzahnsirup dazugeben und ca. 20 Sek. / Stufe 5 fein pürieren.

Apfelpektin zufügen und erneut ca. 3 Min. / 100° / Stufe 1 kochen.

4 Souffléförmchen mit kaltem Wasser ausspülen und die Masse in die Förmchen füllen. Über Nacht kühl stellen.

Rezepte für den Monat April:

Tofu-Schnitzel mit Spinat-Kartoffel-Rösti

Zutaten für 4 Portionen:
500 g Blattspinat
500 g mehlige Kartoffeln
3 g Haferflocken
70 g Mehl
Salz, Pfeffer
50 g Rapsöl
4 Tofuscheiben
150 g Sojasauce
80 g Sojamehl
1 g Salz
Wasser
60 g Semmelbrösel

Zubereitung:
Spinat putzen, waschen und trocken schleudern. Kartoffeln waschen, schälen und in Stücken mit dem Spinat im Mixtopf 5 Sek. / Stufe 5 zerkleinern.

Haferflocken, Mehl, Salz und Pfeffer zugeben und 30 Sek. / Stufe 3 vermischen.

2 EL Öl in einer Pfanne erhitzen. Pro Rösti 2 Esslöffel Teig in die Pfanne geben und flach drücken. Von beiden Seiten goldbraun braten. Herausnehmen und warm halten.

Tofuscheiben 30 Minuten in der Sojasauce beidseitig marinieren.

Sojamehl, Salz und Wasser im gereinigten Mixtopf 10 Sek. / Stufe 2 verrühren. Die Tofuschnitzel in der Sojamischung wenden, dann auf beiden Seiten mit Semmelbröseln panieren und gut andrücken. Im restlichen heißen Öl goldbraun braten.

Tofuschnitzel mit Spinat-Kartoffel-Rösti anrichten und servieren.

Schaum-Dessert auf Rhabarbermus

Zutaten für 4 Portionen:
3 Stangen Rhabarber
30 g Rübenzucker
3 g Apfelpektin
Ca. 100 g Wasser
250 g Seidentofu
50 g Pflanzliche Milch
100 g veganer Puderzucker

Zubereitung:
Rhabarber waschen, abziehen und in kleine Stücke schneiden.

Rhabarber, Zucker, Pektin und Wasser im Mixtopf ca. 8 Min. / 100° / Stufe 1 kochen. Anschließend 10 Sek. / Stufe 7 fein pürieren.

Den Seidentofu mit der Milch und dem Puderzucker ca. 15 Sek. / Stufe 4 schaumig rühren.

Rhabarbermus in vier Gläser füllen und die Schaummasse darüber verteilen.

Rezepte für den Monat Mai:

Mangold-Kroketten mit Wildkräuter-Creme

Zutaten für 4 Portionen:
Ca. 1 L Wasser
Salz
800 g Kartoffeln, mehlig kochend
600 g Mangold
1 Zwiebel
20 g Rapsöl
Ca. 250 g Wasser
50 g vegane Margarine
100 g veganer Hartkäse, gerieben
Pfeffer aus der Mühle
60 g Sojamehl
80 g Paniermehl
ca. 1 L Rapsöl zum Frittieren
2 Handvoll Wildkräuter, selbst gesammelt (im Mai gibt es Bärlauch, Liebstöckel, Spitzwegerich, Petersilie)
500 g Sojajoghurt, natur

Zubereitung:
Wasser und 3 g Salz in den Mixtopf geben. Kartoffeln waschen, schälen und in Stücken in das Garkörbchen füllen und 25 Min. / Varoma / Stufe 1 garen. Wasser aus dem Mixtopf entfernen, die Kartoffeln ca. 10 Sek. / Stufe 3 pürieren und umfüllen.

Mangold putzen, waschen und das Grün klein schneiden.

Die Zwiebel schälen, vierteln und im Mixtopf 5 Sek. / Stufe 5 hacken. Mit dem Spatel nach unten schieben. Öl dazugeben und ca. 2 Min. / Varoma / Stufe 1 dünsten. Wasser, etwas Salz und Mangold zufügen und 3 Min. / 100° / Sanftrührstufe / Linkslauf garen.

Kartoffeln, Margarine und Käse ca. 10 Sek. / Stufe 4 unterrühren. Mit Salz und Pfeffer würzen.

Aus der Masse Kroketten formen. Sojamehl und etwas Wasser zu einer dünnflüssigen Masse verquirlen. Die Kroketten darin wenden, dann in Paniermehl wälzen und in heißem Öl goldbraun frittieren.

Die Wildkräuter waschen, im gereinigten Mixtopf 40 Sek. / Stufe 5 zerkleinern und mit dem Sojajoghurt 2 Min. / Linkslauf / Stufe 3 verrühren. Mit Salz und Pfeffer abschmecken.

Mangold-Kroketten mit der Wildkräuter-Creme anrichten und servieren.

Vegane Profiteroles mit Erdbeeren

Zutaten für ca. 16 Stück:
30 g Bio Ei-Ersatz
80 g Wasser
30 g vegane Margarine
3 g Rübenzucker
120 g Sojamilch
70 g Mehl
70 g Erdbeeren
200 g Pflanzensahne
1 Tütchen Sahnesteif
10 g Veganer Puderzucker

Zubereitung:
Backofen auf 200° C (Gas: Stufe 2, Umluft: 180° C) vorheizen.

Bio Ei-Ersatz mit Wasser verquirlen. Margarine, Rübenzucker und Sojamilch im Mixtopf ca. 2 1/2 Min. / 37° / Stufe 2 verrühren.

Mehl und Ei-Ersatz-Masse zugeben und 3 Min. / Teigstufe verkneten.

Den Teig in einen Spritzbeutel mit großer Lochtülle füllen und 16 kleine Häufchen auf ein mit Backpapier ausgelegtes Backblech setzen.

Im vorgeheizten Backofen ca. 30 Minuten goldbraun backen.

Erdbeeren waschen, putzen und im gereinigten Mixtopf ca. 10 Sek. / Stufe 5 pürieren.

Den Rühraufsatz einsetzen. Die Sahne und Sahnesteif zufügen und bis zur gewünschten Festigkeit auf Stufe 3 steif schlagen. In einen Spritzbeutel mit kleiner Lochtülle füllen und die Erdbeersahne in die abgekühlten Profiteroles spritzen. Mit Puderzucker bestreut servieren.

Rezepte für den Monat Juni:

Frikadellen auf Spargelragout

Zutaten für 4 Portionen:
200 g braune Linsen
1 Zwiebel
150 g Spitzkohl
40 g Rapsöl
200 g Gemüsebrühe
1 Bund Petersilie
20 g Sojamehl
Salz, Pfeffer
750 g weißer Spargel
Ca. 1000 g Wasser
10 g vegane Margarine
10 g Sojamehl
4 Stiele Kerbel
100 g Sojacreme

Zubereitung:
Die Linsen über Nacht in einem halben Liter Wasser quellen lassen.

Die Zwiebel schälen, vierteln und im Mixtopf 5 Sek. / Stufe 5 hacken. Spitzkohl putzen, waschen, in Stücken in den Mixtopf geben und 3 Sek. / Stufe 5 zerkleinern. 20 g Öl dazugeben und 3 Min. / 100° / Stufe 1 andünsten. Gemüsebrühe zufügen und ca. 20 Min. / 100° / Stufe 1 garen.

Petersilie waschen und fein hacken.

Linsen abspülen, abtropfen lassen und zusammen mit der Petersilie, Mehl, Salz und Pfeffer in den Mixtopf geben und 10 Sek. / Linkslauf / Sanftrührstufe verrühren.

Aus der Masse Frikadellen formen. Restliches Öl in einer Pfanne erhitzen und die Frikadellen auf beiden Seiten goldbraun braten.

Spargel waschen, schälen, die holzigen Enden abschneiden, die Stangen in ca. 5 cm lange Stücke schneiden und in den Gareinsatz füllen.

Wasser und Salz in den gereinigten Mixtopf füllen, den Gareinsatz einsetzen und 20 Min. / Varoma / Stufe 1 mit Messbecher garen. Das Spargelwasser auffangen und den Spargel umfüllen.

Die Margarine mit dem Mehl im Mixtopf 3 Min. / 100° / Stufe 2 anschwitzen.

Spargel und 500 g Spargelwasser im Mixtopf 5 Min. / Varoma / Stufe 1 verrühren.

Kerbel waschen, trocken schütteln und die Blättchen mit der Sojacreme mit Linkslauf unterrühren. Mit Salz und Pfeffer abschmecken.

Frikadellen auf Spargelragout anrichten und servieren.

Johannisbeer-Muffins

Zutaten für 12 Stück:
350 g Johannisbeeren
300 g Mehl
6 g Natron
200 g Rübenzucker
eine Prise Salz
80 g Rapsöl
200 g Sojadrink oder Mandelmilch
12 Papierbackförmchen
10 g veganer Puderzucker zum Bestreuen

Zubereitung:
Backofen auf 175°C (Gas: Stufe 2-3, Umluft: 160°C) vorheizen.

Johannisbeeren waschen, abtropfen lassen und von den Rispen zupfen.

Mehl, Natron, Rübenzucker und Salz im Mixtopf 30 Sek. / Stufe 2,5 vermischen. Rapsöl und Sojadrink dazugeben und 20 Sek. / Stufe 3 zu einem glatten Teig verrühren. 2/3 von den Johannisbeeren mit Linkslauf unterheben. Teig in die Papierbackförmchen geben und die übrigen Beeren auf den Muffins verteilen.

Im Backofen ca. 30 Min. goldbraun backen. Abkühlen lassen und mit Puderzucker bestreuen.

Rezepte für den Monat Juli:

Bunte Frittata mit Sommergemüse

Zutaten für 4 Portionen:
15 Zuckerschoten
4 Karotten
1 Kohlrabi
500 g Zucchini
1 Zwiebel
30 g Rapsöl
Salz, Pfeffer
1 Handvoll Kräuter der Saison (z. B. Petersilie, Basilikum, Dill)
800 g Tofu
200 g Kirschtomaten

Zubereitung:
Den Backofen auf 170°C (Umluft 150°C, Gas Stufe 2-3) vorheizen.

Zuckerschoten waschen und in Streifen schneiden. Karotten und Kohlrabi waschen, schälen, und klein schneiden. Zucchini waschen, putzen und in Scheiben schneiden.

Die Zwiebel schälen, vierteln und im Mixtopf 5 Sek. / Stufe 5 hacken. Öl dazugeben und 3 Min. / Varoma / Stufe 1 andünsten. Gemüse, Salz und Pfeffer dazugeben und ca. 15 Min. / 90°/ Linkslauf / Sanftrührstufe garen. Das Gemüse in eine Auflaufform füllen.

Die Kräuter waschen, trocken schütteln, im Mixtopf 40 Sek. / Stufe 5 zerkleinern (ca. 1 EL umfüllen) und mit dem Tofu, Salz und Pfeffer 2

Min. / Linkslauf / Stufe 3 verrühren. Die Masse über das Gemüse geben. Kirschtomaten waschen, halbieren und darüber verteilen.

Im vorgeheizten Backofen ca. 15 Minuten stocken lassen. Aus dem Ofen nehmen, in Stücke schneiden und mit den restlichen Kräutern garniert servieren.

Fruchtige Ice Cupcakes

Zutaten für 4 Portionen:
200 g gemischte Beeren der Saison (Himbeeren, Erdbeeren, Heidelbeeren)
150 g Stachelbeeren
100 g Pflanzensahne
1 Tütchen Sahnesteif
200 g Sojajoghurt
10 g Löwenzahnsirup
4 Blätter Minze
4 Himbeeren (zum Garnieren)

Zubereitung:
Die gemischten Beeren waschen, putzen, im Mixtopf 30 Sek. / Stufe 5 pürieren und durch ein Sieb streichen.

Stachelbeeren waschen, trocken tupfen und in Scheiben schneiden.

Vier Souffléförmchen mit Klarsichtfolie auskleiden und die Stachelbeerscheiben an den Rand drücken.

Den Rühraufsatz einsetzen. Die Sahne und Sahnesteif im gereinigten Mixtopf bis zur gewünschten Festigkeit auf Stufe 3 steif schlagen. (ca. 2 EL umfüllen). Rühraufsatz entfernen, die pürierten Beeren, Sojajoghurt und den Löwenzahnsirup 10 Sek. / Stufe 3 unter die Sahne rühren.

In die Souffléförmchen füllen und ca. 3 Stunden in das Gefrierfach stellen.

Minze waschen und trocken tupfen. Die Förmchen kurz in heißes Wasser tauchen, stürzen, die Folie entfernen und mit restlicher Sahne, Himbeeren und Minze garniert servieren.

Rezepte für den Monat August:

Gegrillte Auberginen-Röllchen mit Aprikosen-Feldsalat

Zutaten für 4 Portionen:
2 Auberginen
Salz
1/2 Salatgurke
½ Bund Basilikum
200 g Sojakäse
Pfeffer aus der Mühle
100 g Feldsalat
4 Aprikosen
40 g Rapsöl
30 g trüber Apfelessig
10 g Löwenzahnsirup

Zubereitung:
Auberginen putzen, waschen, trocken reiben, der Länge nach in dünne Scheiben schneiden und leicht salzen.

Die Gurke waschen, schälen und im Mixtopf 5 Sek. / Stufe 4 zerkleinern. Basilikum waschen, Blätter abzupfen und klein hacken.

Sojakäse und Basilikum dazugeben, auf Stufe 3 / Sanftrührstufe verrühren und mit Pfeffer abschmecken.

Auberginen mit der Masse bestreichen, aufrollen und mit einem Holzspieß feststecken.

In Grillschalen legen und auf dem heißen Grill von jeder Seite 2-3 Minuten grillen.

Feldsalat waschen, verlesen und abtropfen lassen. Aprikosen waschen, entkernen, in Spalten schneiden und mit dem Feldsalat vermischen. Rapsöl, Apfelessig, Löwenzahnsirup, Salz und Pfeffer 30 Sek. / Stufe 7 verrühren und über den Salat träufeln.

Auberginen-Röllchen mit Aprikosen-Feldsalat anrichten und servieren.

Eisgekühltes Sommer-Sorbet

Zutaten für 4 Portionen:
100 g Brombeeren
150 g Rübenzucker
250 g Wasser
200 g Marillen
200 g Frucht-Dicksaft
300 g Johannisbeeren
4 Blätter Minze

Zubereitung:
Die Brombeeren putzen, waschen und trocken tupfen. In einen Gefrierbeutel geben, verschließen und mindestens 2 Stunden einfrieren.

Zucker und Wasser in den Mixtopf geben, ca. 6 Min. / 100° / Stufe 1 erhitzen, bis eine sirupartige Masse entstanden ist und umfüllen.

Marillen waschen, entkernen, halbieren und zusammen mit dem Frucht-Dicksaft im Mixtopf ca. 15 Sek. / Stufe 5 pürieren. Zuckersirup 10 Sek. / Linkslauf / Stufe 4 unterrühren und in das Gefrierfach stellen. Alle 20 Minuten herausnehmen und umrühren, bis sich eine feste Masse gebildet hat.

Die Johannisbeeren waschen, von den Rispen streifen und abtropfen lassen. Minze waschen und trocken tupfen.

Brombeeren auftauen, im Mixtopf 20 Sek. / Stufe 5 pürieren und in vorgekühlte Schälchen füllen. Die Johannisbeeren darauf verteilen und mittig das Marillen-Sorbet anrichten. Mit einem Minzblatt garnieren und sofort servieren.

Rezepte für den Monat September:

Tagliatelle mit Kürbis und Pfifferlingen

Zutaten für 4 Portionen:
250 g Pfifferlinge
400 g Tagliatelle
250 g Hokkaido-Kürbis
1 Zwiebel
30 g Rapsöl
1 g Rübenzucker
Salz, Pfeffer
1 Bund Petersilie

Zubereitung:
Die Pfifferlinge waschen, putzen und in mundgerechte Stücke schneiden.

Die Tagliatelle in gesalzenem Wasser bissfest garen, abgießen und abtropfen lassen.

Kürbis schälen, entkernen, im Mixtopf 5 Sek. / Stufe 5 zerkleinern und umfüllen.

Geschälte, geviertelte Zwiebel im Mixtopf 5 Sek. / Stufe 5 zerkleinern. 15 g Öl dazugeben und 2 Min. / Varoma / Stufe 1 dünsten. Kürbis und Zucker dazugeben und 2 Min. / Varoma / Stufe 1 andünsten. Wasser untermischen und den Kürbis ca. 12 Min. / Linkslauf / Varoma / Stufe 1 weich dünsten. Tagliatelle ca. 5 Sek. / Linkslauf / Stufe 3 untermischen.

Restliches Öl in einer Pfanne erhitzen. Pfifferlinge ca. 4 Minuten unter Rühren anbraten, salzen, pfeffern und herausnehmen. Petersilie waschen, trocken schütteln und klein hacken.

Tagliatelle mit den Pfifferlingen anrichten und mit der Petersilie garnieren.

Weintrauben-Clafoutis

Zutaten für 4 Portionen:
300 g Weintrauben
4 EL Bio Ei-Ersatz
120 ml Wasser
120 g Zuckerrübensirup
60 g Mehl
140 g Hafermilch
180 g Hafersahne
vegane Margarine für die Förmchen
10 g Veganer Puderzucker

Zubereitung:
Den Backofen auf 190°C (Umluft 170°C und Gas Stufe 3) vorheizen.

Weintrauben waschen und halbieren.

Bio Ei-Ersatz mit kaltem Wasser verquirlen und im Mixtopf zusammen mit dem Zuckerrübensirup, Mehl, Hafermilch und Hafersahne 30 Sek. / Stufe 4 vermischen.

Weintrauben in 4 gefettete Förmchen füllen. Teig darüber verteilen und im Backofen ca. 30 Minuten goldbraun backen.

Mit Puderzucker bestreuen und servieren.

Rezepte für den Monat Oktober:

Ratatouille mit frischen Kräutern

Zutaten für 4 Portionen:
1 Bund frische Kräuter (im Oktober gibt es Schnittknoblauch, Petersilie, Oregano, Dill, Majoran, Basilikum)
200 g Tomaten
1 Aubergine
1 Zucchini
2 rote Paprikaschoten
1 Zwiebel
30 g Rapsöl
etwas Rübenzucker
Salz, Pfeffer

Zubereitung:
Die Kräuter waschen, im Mixtopf 40 Sek. / Stufe 5 zerkleinern.

Tomaten häuten und Kerne entfernen. Aubergine, Zucchini und Paprika waschen, putzen und grob schneiden.

Geschälte, geviertelte Zwiebel im Mixtopf 5 Sek. / Stufe 5 zerkleinern. Öl dazugeben und 2 Min. / Varoma / Stufe 1 dünsten. Gemüse, Zucker, Salz und Pfeffer zugeben und 20 Min. / 100° / Linkslauf / Sanftrührstufe garen. Die Kräuter mit Linkslauf unterrühren.

Ratatouille in Tellern anrichten und servieren.

Holundertarte mit Haselnusskrokant

Zutaten für eine Tarteform (Ø 28 cm)
150 g vegane Margarine
70 g Rübenzucker
eine Prise Salz
10 g Maisstärke
200 g Mehl
600 g Holunderbeeren
10 g Rübenzucker
50 g Haselnüsse
50 g Rübenzucker

Zubereitung:
Den Backofen auf 170°C (bei Umluft 150°C, bei Gas Stufe 2-3) vorheizen.

Margarine, Zucker und Salz im Mixtopf 1 Min. / Stufe 4 schaumig rühren. Stärke und Mehl zugeben und 30 Sek. / Stufe 4 verrühren.

Den Teig in eine gefettete Tarteform füllen und einen kurzen Rand hochziehen.

Holunderbeeren waschen, putzen, abtropfen lassen und mit genügend Wasser und Zucker im gereinigten Mixtopf ca. 15 Min. / 90°/ Linkslauf / Sanftrührstufe weich kochen. Durch ein Sieb gießen, auf dem Teig gleichmäßig verteilen und im Backofen ca. 40 Min. backen.

Haselnüsse klein hacken. Zucker in einer Pfanne schmelzen und die Haselnüsse unterrühren. Masse auf Alufolie dünn verstreichen, auskühlen lassen und zerbröseln.

Tarte aus dem Ofen nehmen und den Krokant darüberstreuen.

Rezepte für den Monat November:

Gefüllte Pizzataschen mit Roter Bete und Spinat

Zutaten für 4 Portionen:
Für den Teig:
400 g Mehl
1/2 Würfel frische Hefe
3 g Salz
3 g Rübenzucker
200 g Wasser
50 g Rapsöl
Für die Füllung:
1 Zwiebel
180 g Rote Bete
2 Stangen Sellerie
Ca. 500 g Wasser
350 g Spinat
20 g Rapsöl
Salz, Pfeffer
300 g Seidentofu, gewürfelt

Zubereitung:
Den Backofen auf 190°C (Gas: Stufe 2, Umluft: 170°C) vorheizen.

Die Teigzutaten im Mixtopf 3 Min. / Teigstufe zu einem glatten Teig verkneten und ca. 1 Std. zugedeckt ruhen lassen.

Die Zwiebel schälen, vierteln, im Mixtopf 5 Sek. / Stufe 5 zerkleinern und umfüllen.

Die Rote Bete schälen, vierteln, Sellerie putzen, waschen, in Stücke schneiden und zusammen im Mixtopf 5 Sek. / Stufe 6 zerkleinern. Im Garkörbchen verteilen. Wasser in den Mixtopf füllen, Garkörbchen einhängen und mit MB 20 Min. / Varoma / Stufe 1 garen.

Den Spinat putzen, waschen, blanchieren, kalt abspülen, ausdrücken und hacken. Die Zwiebel in heißem Öl, in einer Pfanne andünsten. Spinat zufügen und mit Salz und Pfeffer würzen. Den Tofu unterrühren. Die Masse mit der Rote Bete-Mischung mit Linkslauf verrühren.

Den Teig in vier Portionen teilen und kreisrund ausrollen. Die Füllung auf einer Teighälfte gleichmäßig verteilen, die andere Hälfte darüber klappen und den Rand andrücken.

Auf ein mit Backpapier belegtes Backblech geben und im Backofen ca. 30 Minuten goldgelb backen.

Quitten-Schiffchen mit Walnussfüllung

Zutaten für 4 Portionen:
4 Quitten
200 g veganer Apfelsaft
10 g Rübenzucker
50 g Walnüsse, gemahlen
120 g vegane Margarine, weich
20 g veganer Puderzucker

Zubereitung:
Quitten waschen, schälen, halbieren und entkernen. Die Quitten in den Mixtopf geben, Apfelsaft und Zucker zufügen und ca. 15 Min. / 100°/ Stufe 1 weich garen.

Nüsse in einer Pfanne ohne Fett kurz anrösten, rühren bis sie duften und abkühlen lassen. Nüsse mit Margarine und 15 g Puderzucker mit Linkslauf / Stufe 2 verrühren. Masse mit einem Spritzbeutel in jede Quittenhälfte spritzen.

Jeweils zwei Quittenhälften auf einem Teller anrichten und mit dem restlichen Puderzucker bestreut servieren.

Rezepte für den Monat Dezember:

Wirsing-Lasagne sojafrei

Zutaten für 4 Portionen:
500 g Wirsing
30 g Champignons
1 Zwiebel
20 g Rapsöl
300 g Vegane Gemüsebrühe
Salz, Pfeffer
60 g vegane Margarine
60 g Mehl
400 g Hafermilch
20 g Hefeflocken
10 g Hafersahne
12 Bio-Lasagneblätter

Zubereitung:
Den Backofen auf 180°C (Umluft 160°C, Gas Stufe 2) vorheizen.

Den Wirsing putzen, waschen und in Streifen schneiden, die Champignons putzen und in Scheiben schneiden.

Geschälte Zwiebel, vierteln und im Mixtopf 5 Sek. / Stufe 5 zerkleinern. Öl dazugeben und 2 Min. / Varoma / Stufe 1 dünsten. Wirsing dazugeben und 3 Min. / 100° / Linkslauf / Stufe 1 garen.

Gemüsebrühe und Champignons zufügen und ca. 8 Min. / 90° / Linkslauf / Stufe 1 garen. Mit Salz und Pfeffer abschmecken.

Margarine, Mehl, Hafermilch, Hefeflocken, Hafersahne, Salz und Pfeffer im gereinigten Mixtopf ca. 12 Min. / 100° / Stufe 3 garen. Den Boden einer gefetteten Auflaufform damit dünn bedecken. Schichtweise Lasagneblätter, Sauce und Wirsingmischung in die Form geben. Mit der Sauce abschließen.

Im vorgeheizten Backofen ca. 50 Minuten backen.

Nussmakronen

Zutaten für ca. 24 Stück:
1 EL Bio Ei-Ersatz
30 ml Wasser
200 g Haselnüsse und Walnüsse
1 Prise Salz
3 g vegane Speisestärke
70 g veganer Puderzucker
24 Backoblaten

Zubereitung:
Den Backofen auf 175°C (Gas: Stufe 2, Umluft: 155°C) vorheizen.

Bio Ei-Ersatz mit Wasser verquirlen.

Nüsse im Mixtopf 8 Sek. / Stufe 8 mahlen. (24 Haselnüsse für die Deko beiseitelegen)

Salz, Speisestärke, Puderzucker und Ei-Ersatz-Mischung dazugeben und 1 Min. / Stufe 4 verrühren.

Masse auf den Oblaten verteilen. Beiseitegelegte Haselnüsse mittig platzieren.

Im Backofen ca. 15 Min. backen.

Nicht-Vegane Zusatzstoffe:

Ameisensäure – E236
Albumin
Bienenwachs – E901
Calciumlactat – E327
Canthaxanthin - E 161g
Cystin - E 921
Fischöl
Glycerin - E640
Gelatine
Glycerin - E422
Honig
Karmin – E120
Knochenphosphat - E 542
Lab
Laktose
Lecithin - E322
Magnesiumstearat – E572
Mager- und Vollmilchpulver
Molke
Natriuminosinat - E 631
Riboflavin - E101
Schellack - E904
Stearyltartrat - E483
Talg / Rinderfett
Vitamin D
Walöl
Wollfett - E 913
Zuckerglyceride - E474

Disclaimer

Die Inhalte dieses Buches wurden mit größter Sorgfalt erstellt. Eine Haftung für Personen-, Sach- und Vermögensschäden ist ausgeschlossen. Für die Richtigkeit, Vollständigkeit und Aktualität der Inhalte können wir jedoch keine Gewähr übernehmen. Dieses Buch enthält Links zu externen Webseiten Dritter, auf deren Inhalte wir keinen Einfluss haben. Deshalb können wir für diese fremden Inhalte auch keine Gewähr übernehmen. Für die Inhalte der verlinkten Seiten ist stets der jeweilige Anbieter oder Betreiber der Seiten verantwortlich. Die verlinkten Seiten wurden zum Zeitpunkt der Verlinkung auf mögliche Rechtsverstöße überprüft. Rechtswidrige Inhalte waren zum Zeitpunkt der Verlinkung nicht erkennbar. Eine permanente inhaltliche Kontrolle der verlinkten Seiten ist jedoch ohne konkrete Anhaltspunkte einer Rechtsverletzung nicht zumutbar. Bei Bekanntwerden von Rechtsverletzungen werden wir derartige Links umgehend entfernen.

Urheberrecht/Leistungsschutzrecht

Die veröffentlichten Inhalte, Werke und bereitgestellten Informationen unterliegen dem deutschen Urheberrecht und Leistungsschutzrecht. Jede Art der Vervielfältigung, Bearbeitung, Verbreitung, Einspeicherung und jede Art der Verwertung außerhalb der Grenzen des Urheberrechts bedarf der vorherigen schriftlichen Zustimmung des jeweiligen Rechteinhabers. Das unerlaubte Kopieren/Speichern der bereitgestellten Informationen auf diesen Seiten ist nicht gestattet und strafbar.